ŒUVRE

DES

CERCLES CATHOLIQUES D'OUVRIERS

CENTENAIRE DE 1789

COMMERCE

PARIS
BUREAUX DE L'*ASSOCIATION CATHOLIQUE*
262, BOULEVARD SAINT-GERMAIN, 262

1888

CENTENAIRE DE 1789

LE COMMERCE

Une des formes les plus utiles de l'activité humaine est le commerce.

Sa véritable fonction consiste à opérer la circulation et la distribution des produits ; sa rémunération résulte de la majoration légitime qu'il convient d'ajouter au prix de production pour indemniser le commerçant des risques qu'il a dû courir, des frais qu'il a fallu faire et des efforts qui ont été nécessaires pour apporter sur le marché les marchandises offertes aux consommateurs.

Par lui-même, le commerce ne crée pas de nouveaux produits, mais il permet aux producteurs de tirer parti des fruits de leur travail au moyen de l'échange.

C'est, en effet, une loi providentielle qu'aucun homme ne peut se suffire à lui-même ; les familles, les nations mêmes ont besoin les unes des autres. La division du travail devient ainsi un principe de sociabilité ; l'échange des denrées et des objets fabriqués, le moyen de l'entretenir. De là, le rôle nécessaire et bienfaisant du commerce.

Au Moyen Age, il mit en rapport l'Orient et l'Occident ; et les villes maritimes de l'Italie, par leur position géographique même, furent naturellement appelées à remplir cette mission d'intermédiaire.

Les flottes de Venise, de Gênes et de Pise étaient, à cette époque, de puissantes entreprises de transport sur tous les rivages du midi, tandis qu'au nord la grande association qui unit, sous le nom de *hanse*, Lubeck, Hambourg, Dantzick, Brême et soixante-dix autres villes des mers du nord, servait de trait d'union commercial entre le continent et les royaumes de Danemark, de Suède et de Norwège.

Mais la prospérité de ces villes commerçantes a eu un caractère éphémère : l'âpreté au gain, la tendance au monopole provoquèrent un effort de la part des peuples devenus tributaires de ces intermédiaires, en même temps que les découvertes des contrées nouvelles offraient aux hardis navigateurs de l'Angleterre, des Pays-Bas et du Portugal un champ nouveau d'échanges à exploiter.

La France, de son côté, se sentant revivre après les longues luttes avec les Anglais pour l'intégrité de son territoire et les guerres non moins funestes avec les protestants pour l'unité de sa foi, vit refleurir son industrie et favoriser ses essais de commerce sous le règne réparateur d'Henri IV et la sage administration de Sully.

Le canal de Briare est achevé, la suppression des barrières est commencée, l'industrie de la soie est protégée et la culture du mûrier est importée dans le Lyonnais et la Provence. Jusque-là la France avait été tributaire de l'Italie à qui elle achetait annuellement 20 millions de soie.

L'œuvre fut plus tard reprise par Colbert. Les douanes intérieures, dont les Etats-Généraux de 1614 et l'association des notables de 1626 avaient demandé la suppression, s'étaient de nouveau multipliées. Le gouvernement de Louis XIV essaya de les reporter aux frontières du royaume. Mais douze provinces seulement acceptèrent, les autres maintinrent leur ancienne législation.

Il suffit de rappeler la création du canal du Languedoc, la rédaction d'un code de commerce, les tentatives pour l'uniformité des poids et mesures, le développement de Marseille auquel fut concédé le privilège exclusif du trafic avec le Levant, la protection accordée aux manufactures de drap du Languedoc pour exporter leurs produits dans l'Empire ottoman à la place de ceux de l'Angleterre, pour donner une idée de l'essor du commerce français à la fin du XVIIe siècle.

Mais ce qui contribua surtout à le développer, ce fut l'application du système mercantile, c'est-à-dire la protection douanière très énergique qui caractérise dans l'histoire la politique économique du règne de Louis XIV.

En 1667, dans le but de permettre à la France de se passer des produits manufacturés de l'Angleterre et de la Hollande, aussi bien que de leur courtage maritime, les droits d'entrée très élevés furent établis en même temps que de nombreux avantages étaient assurés aux diverses industries françaises.

Afin de développer aussi la marine française, des droits de

tonnage furent imposés aux navires étrangers. Aussi, le ressentiment des deux puissantes nations commerçantes du nord fut-il profond; elles se sentaient atteintes au cœur et l'ardeur de leurs luttes contre Louis XIV, inspirée par leurs passions mercantiles, peut se comparer à l'acharnement déployé au début de ce siècle par le gouvernement britannique contre Napoléon après la déclaration du blocus continental.

Mais, grâce aux sages mesures de Colbert, la marine française qui, à la fin du règne précédent, comptait à peine 600 navires, tandis que la Hollande en avait 1.600, commença à se développer rapidement. Elle continua à grandir malgré les pertes de nos colonies d'Amérique, le Canada, la Louisiane, sous le règne désastreux de Louis XV, et elle atteignit son apogée sous la sage protection de son successeur. On peut se rendre compte des progrès constants du commerce de la France par le tableau comparatif suivant des exportations (1), quelques années avant la Révolution.

	1714	1785
Produits du sol français	36 millions.	93 millions.
» de l'industrie française	45 »	123 »
» des colonies d'Amérique	16 »	165 »
» » d'Asie	2 »	4 »
Articles étrangers réexportés	6 »	40 »
	105 millions.	425 millions.

Cette situation prospère de l'industrie, et, comme conséquence naturelle, du commerce, rendit possible, dès l'année 1786, de substituer au système protecteur qui avait permis aux manufactures de grandir, un régime de liberté commerciale que les physiocrates réclamaient depuis quelques années et dont Turgot fut l'inspirateur.

La longue période de guerres que la Révolution et l'Empire déchaînèrent sur l'Europe porta un coup terrible au développement du commerce extérieur; notre marine détruite, nos dernières colonies perdues, la prépondérance sur toutes les mers assurée à l'Angleterre : tel était le bilan en 1815.

Mais les années de paix qui suivirent, au moment où la découverte des nouvelles forces motrices et des machines perfectionnées décuplait la puissance productrice de l'industrie, donnèrent un essor inouï aux échanges de tous les pays.

(1) *Histoire du Commerce*, par H. Scherer. Tome II, p. 521.

La suppression des distances par l'électricité et les chemins de fer simplifia les transactions, et jamais on ne vit pareil mouvement d'affaires entre toutes les nations.

La France y prit une large part, grâce à ses capitaux, au grand nombre de ses usines, à l'activité et à l'intelligence de ses industriels; lorsqu'en 1860 le régime de la liberté commerciale fut de nouveau appliqué, son industrie put soutenir, sans en être trop profondément ébranlée, le choc d'une concurrence universelle et écouler avec un véritable profit les produits spéciaux de son sol, ses vins de Bourgogne et de Bordeaux, ses eaux-de-vie et ses beurres de Normandie. Il y eut ainsi, pendant la durée du second empire, une période de grande activité et un immense développement de richesse matérielle.

1889

A l'heure présente, l'essor industriel et commercial un moment surexcité par la concurrence et les besoins de la consommation après la guerre, s'est arrêté. Les progrès de la fabrication ont atteint les dernières limites; la puissance productrice a dépassé ce que l'imagination pouvait supposer. Les marchandises abondent, leur écoulement devient impossible. Une crise sans précédents pèse sur l'industrie et le commerce, dont le sort se trouve naturellement lié l'un à l'autre, non seulement en France, mais dans tous les pays d'Europe. Le libre-échange, que le commerce a toujours intérêt à soutenir, a perdu de son prestige.

Sans méconnaître que ce système peut quelquefois être favorable au progrès d'une industrie nationale déjà prospère, et que la civilisation, la pacification même entre les différents peuples peuvent y trouver d'utiles garanties, il faut cependant admettre que le droit pour chaque nation de conserver son autonomie au sein même de la grande fédération que les Economistes prédisent, lui fait un devoir de s'organiser pour pouvoir se suffire à elle-même, au moins pour les objets les plus nécessaires. C'est dans ce sens que se produit chez les différents peuples un courant très énergique et qui explique la diminution de notre trafic commercial dans ces dernières années.

Le besoin de la protection s'est fait sentir chez plusieurs nations et peu à peu de nombreux débouchés se sont fermés;

l'Amérique, longtemps tributaire du vieux monde, a voulu avoir son industrie nationale, et n'a rien trouvé de mieux pour la créer que d'appliquer le fameux régime protectionniste auquel l'Angleterre et la France avaient eu recours pour créer la leur. Aujourd'hui elle se suffit à elle-même. En Europe, les autres pays se sont peu à peu outillés ; les usines se sont créées. Le mouvement des échanges internationaux devait nécessairement s'en ressentir.

Mais la crise ne se manifeste pas seulement par un ralentissement des affaires dû à ces transformations naturelles et inévitables ; elle produit aussi ses effets dans l'ordre économique et social, circonstance qui lui donne un caractère profondément grave.

Grands magasins. — C'est ainsi qu'on a vu disparaître peu à peu, depuis vingt ans, une grande partie des petits commerçants aussi bien à Paris qu'en province. D'immenses magasins se sont créés, offrant au public, avec l'attrait d'un véritable bon marché, les avantages d'une somptueuse installation et la possibilité de rencontrer, réunis en un seul lieu, tous les objets nécessaires à la vie. Le succès de ces grands bazars a été toujours s'augmentant, et les petits magasins, incapables de lutter, ont dû se fermer successivement. Que de désastres cette transformation a provoqués ! que de ruines privées ! Combien d'honnêtes familles ayant eu jusque-là leur existence assurée ont vu leur clientèle les quitter et la misère s'asseoir à leur foyer ! Presque toutes ont disparu au milieu des souffrances de la pauvreté et sous le coup d'un affreux désespoir. Les plus heureux de leurs membres ont réussi à se faire admettre comme employés de ces magasins, échangeant leur condition indépendante contre les appointements fixes et assurés d'un commis. Convient-il cependant, en se plaçant au point de vue économique, de blâmer cette transformation qui en elle-même est un progrès ? Ne correspondait-elle pas à un besoin réel ? Beaucoup le pensent, mais au moins eût-il fallu qu'une sage organisation des classes commerçantes leur permît de supporter la transformation sans être privées brusquement du pain quotidien. Tandis que, dans l'état d'isolement où chacun était réduit, les catastrophes se sont produites successivement sans que rien ait permis d'en adoucir les effets en facilitant la transition. Tel a été le douloureux résultat de l'absence de cohésion et de solidarité entre les intéressés.

Mais, à un autre point de vue, la création des grands magasins s'est effectuée dans des conditions qui sont de nature à porter à l'industrie un préjudice considérable. En fait, ils ont aujourd'hui entre les mains *le monopole* de la vente. Pour écouler leurs produits, tous les manufacturiers sont réduits à accepter leurs conditions ; fabricants de draps ou de soieries, fabricants de toiles ou de tissus de coton, tous doivent recourir à l'intermédiaire presque unique qui seul peut leur prendre leur marchandise. Ils sont ainsi fréquemment contraints à vendre même à perte, et c'est en définitive le salaire des ouvriers qui se trouve atteint. On peut donc dire qu'une grande partie de l'industrie est désormais tributaire de deux ou trois grands magasins ; on pourrait y joindre ces milliers d'orphelinats que la charité des religieuses cherche à ouvrir pour sauver les enfants de la misère, mais que la nécessité condamne à accepter des prix dérisoires pour les travaux de confection.

C'est, en somme, la main-mise sur le travail national presque tout entier.

Ce grave inconvénient aurait pu être évité, si des corporations industrielles, se syndiquant, avaient ouvert elles-mêmes ces grands magasins. Peut-être sera-ce un jour le moyen de conjurer les dangers que pourrait faire courir aux industriels un monopole commercial que la concurrence ne tempèrera peut-être pas toujours.

Spéculation. — D'autre part, au commerce qui soutient et facilite le travail industriel s'est substitué un commerce qui l'épuise et l'anéantit ; au vrai commerce qui augmente la richesse succède peu à peu un faux commerce qui l'accapare et par là même appauvrit les producteurs : *on l'appelle spéculation.*

Tandis que le véritable commerce a pour but de faciliter la circulation des denrées et des marchandises, de les transporter des lieux de production là où elles peuvent être consommées ou employées, la spéculation n'opère que sur la valeur de ces marchandises ; elle ne transporte pas un ballot de laine ni un sac de blé ; elle achète sans avoir l'intention de prendre livraison et elle vend ce qu'elle n'a pas. Ce nouveau genre de commerce est non seulement sans utilité aucune puisqu'il ne provoque que des transactions fictives, mais il tue le véritable commerce par la perturbation qu'il jette dans les prix qui désormais ne résultent plus de la valeur d'acquisition, majorée des frais supportés par l'intermédiaire et du bénéfice auquel il a droit, mais de cours sans cesse variables au gré d'acheteurs et de vendeurs étrangers généralement à la profession, simples capitalistes, uniquement préoccupés d'opérer sur des différences.

Comment un véritable commerçant peut-il, sans courir les plus grands risques, acheter à New-York une cargaison de blé ou à Sydney un chargement de coton, s'il est exposé à vendre sa marchandise au Hâvre ou à Marseille à un prix inférieur à celui de ses achats, parce qu'il aura plu à un spéculateur de faire la baisse? Or, toutes les denrées de grande consommation sont aujourd'hui soumises à des fluctuations que provoque seul le jeu de la spéculation : les blés, les sucres, les cafés, les eaux-de-vie.

Voici le tableau des opérations faites sur les cafés en 1887; il en résulte qu'il a été négocié dans les Bourses à terme :

Au Hâvre et à New-York	45. 185.000	balles
A Hambourg.	7. 135.000	»
A Anvers.	475.000	»
Soit au total.	52. 795.000	balles.

Comme la production totale du café sur la terre s'élève, en moyenne, à 10 millions de balles par année, la spéculation a vendu 5 fois plus de café qu'il n'en existe. Donc les 4/5 des transactions commerciales ont été des transactions fictives.

Si on calcule d'autre part les sommes sur lesquelles il a fallu opérer pour négocier 52 millions de balles de café qui font environ 3 milliards de kilos, on arrive à la somme de 6 milliards 500 millions de francs. En comptant à 1 1/2 les provisions d'achat et de vente, les spéculateurs ont payé aux commissionnaires environ 100 millions. Cette somme énorme est retombée en définitive sur les consommateurs qui sont en fin de compte les véritables acheteurs et pour lesquels les prix ne sont plus en rapport avec la valeur réelle des marchandises.

Il est ainsi facile de comprendre ce fait, au premier abord inexplicable, d'une élévation constante du coût de la vie, tandis que agriculteurs, industriels, commerçants se plaignent amèrement de la baisse générale des prix.

En même temps que la spéculation portait une atteinte si grave aux véritables opérations commerciales, elle étendait ses ravages à toutes les autres branches de l'activité humaine, grâce au nouveau système économique qui par des procédés ingénieux tend à *mobiliser* l'industrie et l'agriculture elle-même. Tous les instruments de production se trouvent ainsi commercialisés, c'est-à-dire soumis à la puissance d'achat du capital qui peut désormais, en spéculant sur tout, faire la loi au travail et soumettre l'humanité entière à son joug.

En cherchant par quel procédé cette mobilisation universelle a pu s'opérer, on s'aperçoit qu'elle résulte de deux causes :

1° La liberté absolue des capitalistes qui peuvent acquérir la propriété des instruments de travail, sans intention de s'en servir personnellement et dans le but de prélever une part des produits ;

2° Les facilités d'échange résultant de la représentation de cette propriété par des titres ou actions constamment négociables.

On les appelle des *valeurs mobilières*.

Or, l'industrie tout entière est en train de se mobiliser à la faveur du système des sociétés anonymes inauguré par la loi de 1867, qui dispense de toute autorisation la formation des sociétés par actions. La transformation industrielle, en augmentant de plus en plus la puissance des instruments de travail, a d'ailleurs singulièrement favorisé ce mouvement vers les sociétés d'actionnaires. L'appropriation individuelle de ces énormes usines devenait en outre de plus en plus difficile par l'effet des lois de succession et des idées courantes sur le partage égal ; en sorte que tout concourait à accélérer le mouvement vers les sociétés d'actionnaires et à multiplier les titres représentatifs de la propriété pour les rendre d'une négociation plus facile.

Ce qui s'est passé dans l'industrie tend à se produire également dans l'agriculture. De tous côtés, il n'est question que de hâter la mobilisation de la propriété territoriale, et nombre d'économistes n'entrevoient la possibilité de faire bénéficier les cultivateurs des ressources précieuses du crédit qu'à la condition de commercialiser leurs opérations. Des projets de loi ont été déposés dans ce sens, des sociétés agricoles ont adhéré aux réformes proposées, et, malgré les résistances que l'instinct populaire a jusqu'ici opposées, il se peut que les dernières barrières qui protégeaient l'agriculture contre l'envahissement du capitalisme soient emportées par le courant. Déjà, sous prétexte de crédit foncier, une grande institution financière a commencé cette mobilisation de la propriété par le moyen des prêts hypothécaires. Ainsi peu à peu la propriété de la terre passe aux mains des capitalistes qui, détenteurs de la valeur vénale, prélèvent sans travail un intérêt fixe et supérieur même au produit que les agriculteurs peuvent en retirer eux-mêmes. Heureusement jusqu'ici les prêts urbains ont été très supérieurs aux prêts ruraux; mais si la législation sur la commercialisation des opérations agricoles était adoptée, il est probable que les prêteurs, rassurés par ces garanties nouvelles, augmenteraient leurs opérations agricoles et peu à peu la propriété du sol lui-même serait transformée en actions facilement négociables. Dans ces conditions économiques, le nombre des valeurs sur lesquelles le commerce de spéculation peut opérer atteint des proportions incalculables.

Mais ce n'est pas assez, et, comme pour fournir encore à l'agiotage de nouveaux aliments, les emprunts des Etats, des villes, des sociétés jettent sur le marché des millions de titres de rente dont la valeur productive repose sur le principe longtemps condamné de la productivité du capital sans travail.

En France, chaque année 1,300 millions sont prélevés sur l'impôt uniquement pour servir la rente de 25 milliards d'emprunts contractés par l'Etat. S'il fallait établir le chiffre des obligations émises par les Compagnies de chemin de fer, les Sociétés industrielles de toute espèce, on serait effrayé du chiffre énorme, prélevé chaque année sur les produits du travail, pour rémunérer les détenteurs du capital. Mais ce qui nous intéresse spécialement en ce moment, c'est de montrer par quels procédés ingénieux tout est devenu aujourd'hui matière à transactions commerciales improductives au point de vue de l'intérêt général, mais très avantageuses pour ceux qui s'y livrent dans certaines conditions.

Du moment que tout est devenu vénal, que l'or et l'argent deviennent non plus seulement la mesure légale des valeurs, mais des valeurs productives elles-mêmes, tout devient matière à ce genre particulier de commerce que nous avons appelé *spéculation*.

Elle seule domine, elle seule règne, elle seule donne des profits.

Or, dans le domaine de la spéculation, tout consiste à trouver le moyen d'acheter à bon marché et de revendre cher, il n'y a plus de juste prix, la loi de l'offre et de la demande est la seule règle.

Dès lors le capital est maître de faire varier les cours et les prix, car tout consiste à avoir un capital ou un crédit assez puissant pour accaparer une nature de valeurs, afin d'en être le détenteur.

Que devient dès lors le véritable commerce? Le gain qui en est le mobile ordinaire est désormais indépendant du travail utile; ce n'est plus la rémunération du service rendu, mais un simple calcul de différences. Comment s'étonner de l'engouement général pour les affaires financières qui peuvent procurer de larges bénéfices sans peine et sans efforts?

Si tout se résume en effet à diriger la loi de l'offre et de la demande, il suffit de l'habileté, de la clairvoyance, et surtout d'avoir à son service la puissance qui résulte des grands capitaux. Les industriels eux-mêmes se trouvent entraînés sur cette pente et, en présence des chances aléatoires et des rudes efforts de la production, préfèrent les procédés rapides de la spéculation.

Monopoles. — C'est à peine si le public a su cette vaste opération faite il y a deux ans sur les laines par un syndicat d'industriels qui proposèrent à une grande Banque juive l'acquisition de cette marchandise sur tous les marchés du monde. L'immense crédit de cette Banque lui permit d'effectuer cette opération colossale qui la rendit maîtresse de la matière première nécessaire à des milliers d'usines, et par là même du salaire de millions d'ouvriers. En une semaine la laine augmenta de plus de 1 franc par kilo. Le bénéfice ainsi réalisé fut immense; quelques dépêches télégraphiques expédiées dans les deux hémisphères avaient suffi à le réaliser (1).

Cette année même, une vaste opération du même genre s'est effectuée, avec le concours de la même maison de Banque dont les comptoirs tiennent toutes les grandes places de l'Europe, sur le cuivre dont les prix ont immédiatement monté dans d'énormes proportions. Le fait a été signalé aux Chambres, où un pareil accaparement aurait dû produire un soulèvement d'indignation, au gouvernement auquel la législation fournit toutes les armes nécessaires pour réprimer de tels abus ; mais l'opinion publique s'est tellement familiarisée avec le système de la liberté absolue de la spéculation, et les conservateurs eux-mêmes se sont tellement laissé pénétrer par les théories des Economistes, que l'incident passa pour ainsi dire inaperçu. Mais le système est si lucratif pour le capitalisme Juif, qu'il prend chaque jour de nouveaux développements. Il est notoire aujourd'hui que les métaux les plus précieux ont été accaparés par ces potentats de la finance : le mercure en particulier, et l'or que des navires apportent du nouveau

(1) Prix de la laine avant l'opération : Prix après l'opération :

	Avant	Après
La Plata....	4 fr. 25 le kilo.	5 fr. 50 le kilo.
France.....	4 fr. 50 —	5 fr. 25 —
Australie...	5 fr. 25 —	6 fr. 50 —

monde en lingots, en sorte que le monnayage est devenu le monopole de ces habiles accapareurs.

Le transport des blés lui-même n'a pas échappé à cette domination à laquelle tout commerce est soumis. On racontait il y a quelques années que les armateurs du Havre avaient dû renoncer à envoyer leurs navires faire des chargements de blé à New-York, parce qu'un des membres les plus puissants de la tribu d'Israël, désireux de faire seul ce genre de commerce, leur faisait régulièrement éprouver des pertes considérables, en provoquant la baisse à l'arrivée de leur marchandise.

Aussi l'exemple de ces fructueuses opérations a-t-il suscité des imitateurs. Afin de réaliser ces grandes agglomérations de capitaux nécessaires pour la spéculation, de grandes banques se sont constituées et la loi de 1867 a encore fourni aux Sociétés financières le moyen de concentrer dans leurs caisses les économies répandues dans les mains d'un grand nombre de petits capitalistes. Quelques-unes se contentent d'influencer doucement la spéculation et, comprenant les dangers de la lutte, préfèrent se syndiquer entre elles pour partager les bénéfices d'une émission importante. Maîtresses de la presse qu'elles subventionnent sous forme de mensualités régulièrement touchées, il leur est facile de diriger l'opinion publique et de faire osciller les cours du marché des valeurs au gré de leurs intérêts.

L'entente est généralement facile et la sagesse recommande de s'unir pour partager les profits.

D'autres ont parfois des visées plus hardies ; elles aspirent à prendre la tête, fût-ce même au prix d'une lutte avec la Banque Juive qu'elles espèrent battre avec ses propres armes dans un combat corps à corps. Tentatives chimériques ! L'inégalité des combattants est trop grande pour que le succès soit possible ; et l'ébranlement fatal à tant de familles causé par l'échec fameux de l'Union Générale est venu montrer une fois de plus que, pour secouer le joug du capitalisme Juif, ce n'est pas sur le terrain de la spéculation qu'il faut se placer. A l'époque de cette tentavive mémorable, d'autres sociétés analogues espérant prendre part à la curée avaient tout à coup surgi, et marchaient à l'assaut, entraînant à leur suite la foule enthousiasmée des petits capitalistes. Déjà on se croyait près de triompher et l'une d'elles, la Banque Romaine, disait à l'Union Générale : « Partageons-nous le monde. Vous prendrez l'Orient, mais laissez-moi l'Occident. »

Si le succès avait couronné l'entreprise, le sceptre de la spéculation aurait peut-être changé de mains, mais son règne aurait continué avec le même éclat.

Le fait le plus considérable de notre époque au point de vue économique est donc cet asservissement général de l'agriculture, de l'industrie, du commerce, en un mot de tout le travail humain à une puissance nouvelle qui s'appelle à la spéculation ; en même temps les transactions fictives tendent se multiplier sur un marché où les cours oscillent au gré d'un petit nombre de capitalistes entre les mains desquels toute la richesse publique arrive à se concentrer.

La conséquence de ce phénomène est, par contre, l'appauvrissement général de la masse laborieuse. On cherche la cause du ralentissement des véritables opérations commerciales, alors que les produits de toute nature surabondent ; il y a, dit-on, surproduction. Il serait plus exact de dire que les consommateurs appauvris n'ont plus les moyens d'acheter les produits. Le pouvoir acheteur du grand nombre, loin d'augmenter au même point que la puissance de production, s'est sensiblement affaibli ; et là est le grand danger, parce que plus le système continuera à fonctionner, plus la misère ira croissant. Les facultés de consommation diminuant, les produits baissent, et les détenteurs de la richesse sont atteints à leur tour. Le régime capitaliste et la spéculation amènent donc fatalement la ruine universelle.

A d'autres époques, la société a cru devoir se défendre contre ce genre d'opérations que le langage traditionnel stigmatise du nom d'*usure*. Ceux qui s'y livrent ont été de tout temps poursuivis de la haine populaire, car en réalité ce sont les usuriers qui enlèvent au peuple les fruits de son travail ; et les pouvoirs publics ont souvent essayé de leur faire rendre gorge. L'histoire a conservé le souvenir des *Chambres de justice* créées par Colbert et de celle plus fameuse encore de 1716. C'est alors que l'on vit les grands spéculateurs de l'époque venir offrir la restitution de sommes énormes pour avoir le droit de conserver le surplus. Mais l'opinion publique se montra aussi sévère pour les juges que pour les accusés, reprochant aux premiers de s'être laissé corrompre par les seconds. Quoi qu'il en soit, le scandale fut si grand qu'il ne fut peut-être pas compensé par le bénéfice résultant des remboursements faits au Trésor. Au lendemain de ces mesures de répression, les exactions des fermiers généraux, des fournisseurs des armées, des financiers de toute catégorie recommençaient avec un nouvel entrain. Trois ans à peine s'étaient écoulés et la spéculation entrait avec retentissement dans la voie nouvelle que Law venait d'ouvrir par le système de crédit que nous voyons aujourd'hui régner en maître.

Un arrêt du roi Louis XVI essaya d'enrayer le mouvement qui n'avait fait que grandir, en interdisant les ventes et achats à terme d'effets publics. Le 27 juin 1793, la Convention ordonnait la fermeture des Bourses. Mais la passion des gains faciles et rapides de l'usure est plus forte que les lois, lorsque surtout elle trouve dans les gouvernements eux-mêmes, toujours pressés par des besoins d'argent, des complices disposés à les éluder.

La spéculation reprit à nouveau son essor avec le Directoire; elle réalisa les plus magnifiques bénéfices au moyen des fournitures aux armées de l'Empire tant qu'elles se promenèrent au milieu de l'Europe, et aux armées alliées lorsqu'elles vinrent à leur tour jusqu'à Paris. Enfin les énormes emprunts que la France épuisée dut contracter pour payer les indemnités de guerre permirent aux financiers d'effectuer les plus fructueuses opérations, en même temps qu'ils créèrent un immense marché de valeurs sur lequel l'agiotage pouvait largement s'exercer.

De cette époque datent les grandes maisons de Banque dont la puissance est arrivée en moins d'un siècle à un tel degré que les plus fières monarchies et les républiques les plus démocratiques en sont réduites à solliciter leur appui.

Le joug paraît si lourd à porter, l'asservissement est si profond que par moment le sentiment public s'indigne. Le souvenir des Chambres de justice est parfois rappelé, mais le mal est trop profond pour être guéri par des mesures de répression.

La Société tout entière est devenue complice du système économique moderne en pratiquant ses procédés et acceptant les principes sur lesquels il repose. Tant qu'elle n'aura pas rompu nettement avec ces théories, aucune tentative de réforme n'est possible, aucun effort pour secouer la domination juive ne peut aboutir.

Tant que les doctrines antichrétiennes de la productivité du capital seront admises, tant que la possession des instruments de travail sera une source de profits pour ceux qui ne les emploient pas, tant que le gain sans travail utile sera considéré comme légitime et honorable, il faut se résigner à subir la loi du vainqueur et courber la tête.

Agriculture, industrie, commerce, tout est définitivement asservi.

Supposons au contraire un retour aux principes chrétiens sur l'usure qui condamnent comme contraire à la justice de prendre le produit du travail d'autrui, l'activité humaine reconquiert toute sa puissance, la production industrielle et agricole se multiplie, les échanges commerciaux répandent partout l'abondance et la richesse.

Les institutions sociales elles-mêmes, favorisées par une législation nouvelle, se transforment pour s'harmoniser avec les principes économiques chrétiens.

A l'appropriation collective des instruments de travail réalisée par les sociétés anonymes se substitue celle des associations corporatives industrielles. Leur propriété est ainsi immobilisée, car le patrimoine social est inaliénable.

Alors disparaissent tous ces titres, toutes ces actions, toutes ces valeurs mobilières sur lesquelles s'exerce la spéculation. Celle-ci s'arrête faute d'aliments comme un feu qui s'éteint faute de combustible.

Les monopoles ne sont plus possibles, les accaparements de matière première sont interdits.

Alors le véritable commerce reprend sa fonction utile en s'appliquant à des produits réels et non plus à des valeurs de convention.

Si une pareille réforme peut s'opérer, ce sera l'honneur de la fin de ce siècle de l'avoir préparée par la reconnaissance des doctrines du christianisme vers lequel tant d'aspirations inconscientes se manifestent. Il sera possible alors de répéter cette parole d'un grand écrivain :

« Gloire au travail. Paix à ceux qui produisent. Union et force entre tous ceux qui échangent. »

Louis Milcent.

Bar-le-Duc. — Typ. de l'Œuvre de Saint-Paul, Schorderet et Cie — 893

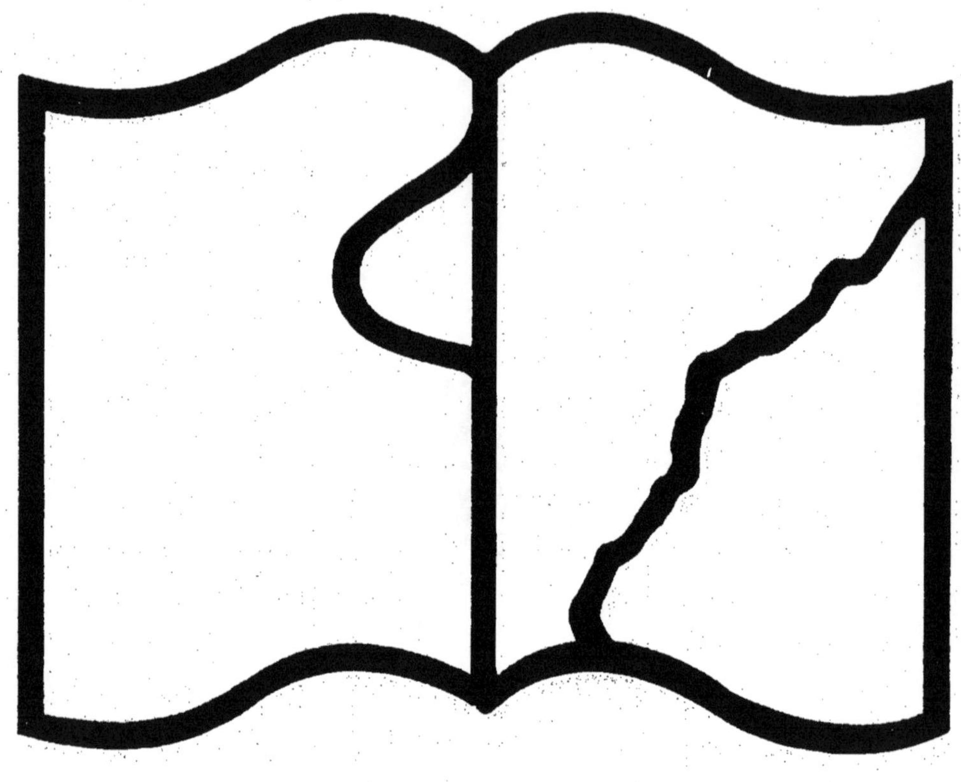

Texte détérioré — reliure défectueuse

NF Z 43-120-11

www.ingramcontent.com/pod-product-compliance
Ingram Content Group UK Ltd.
Pitfield, Milton Keynes, MK11 3LW, UK
UKHW012312240726
13966UKWH00005B/1823

9 782011 905659